Dagmar Berg – Denk mal darüber nach

Dagmar Berg

Denk mal darüber nach

Betrachtungen für jeden Tag

Mit Bildern von Julia Ulrich

Cosma Verlag

Cosma *Seraphim* Band 2

Seraphim will anregen –
zu sehen, zu denken, zu fühlen, zu erkennen.

Seraphim will eine Boje setzen und Geleit bieten –
in einer stürmischen Zeit.

Seraphim will vermitteln –
Einblicke, Ausblicke, Augenblicke.

Cosma Verlag, Heilmeyersteige 143, 89075 Ulm
Satz und Gestaltung: Cosma Verlag Ulm
Zeichnungen: Julia Ulrich Ulm
Druck und Bindung: Schirmer Ulm

ISBN 3-931255-01-8

Durch äußeres Leid und Kummer wurde ich vor zehn Jahren aus meinem normalen Denkschema herausgerissen und auf einen anderen Weg geführt. Ich durfte dabei sehr viel Hilfe von anderen Menschen erfahren, denen ich an dieser Stelle Dank sagen möchte. Ganz besonders wurde mein Weg von RAM Dass beeinflußt. Viele seiner Ideen und seine Lebenseinstellung sind in dieses Buch eingeflossen.

Heute hat sich mein Leben völlig verändert, obwohl alles gleich geblieben ist. Ich kann dankbar feststellen, daß ich mit meinen Kindern, meinen Freunden und den Menschen in meiner Umgebung in einer neuen, schönen Harmonie leben darf, und ich heute das Leben trotz aller Schwierigkeiten als ein Geschenk betrachten kann.

Wenn Ihnen dieses kleine Büchlein mit den Sprüchen für jeden Tag auch dazu helfen kann, dann freut mich dies aus ganzem Herzen. Geben auch Sie Ihre Erfahrungen weiter an andere, damit der Kreis geschlossen wird.

Ulm
Frühling 1995

Dagmar Berg

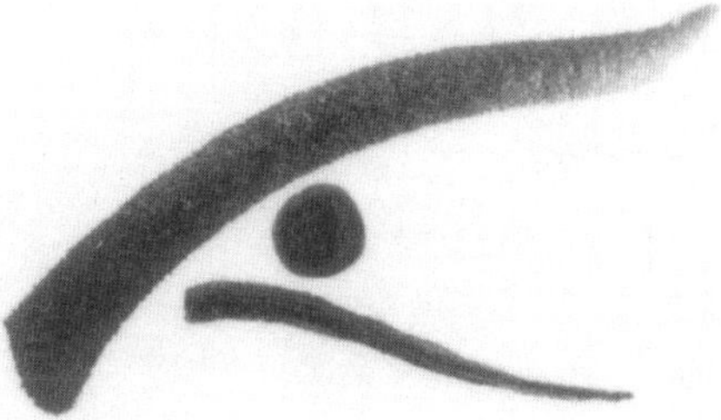

Alle Ungerechtigkeiten, denen man begegnet, entspringen einer Saat, die man selbst säte.

Alles, was an Gutem zu einem kommt, wird zunächst durch die eigenen guten Gedanken und Taten in Bewegung gesetzt.

2. Januar

Gib negative Erinnerungen an bittere, harte und ungerechte Erfahrungen auf, und Du wirst Dich froh und stark fühlen. Ändern können Deine negativen Erfahrungen sowieso nichts mehr.

Alles Gute ist wahr! Auch wenn wir manchmal das Gute nicht gleich erkennen können. In jedem Übel liegt etwas Gutes verborgen, das erst dadurch freigesetzt werden kann.

Einbildung ist wahrscheinlich die allerkraftvollste Seite des menschlichen Geistes. Wirklichkeitsbewußte Menschen wissen heute, daß das, was der Geist sich vorstellt, Erfahrung und Tatsache wird.

Leider bewahrheitet sich diese Erfahrung auch in ihrer negativen Form, daß nämlich das, was man fürchtet, genauso eintritt! Warum also nicht gleich Angst und Furcht ablegen und sich positive Vorstellungen machen?

Wenn der Mensch sich mit dem Willen Gottes verbindet, entwickelt er eine höhere Fähigkeit, die Dinge auszuführen. Mit großer Geschwindigkeit fördert er eine geistige Kraft zu Tage, die normalerweise Jahrhunderte braucht, hervorzukommen, wenn er alleine auf das langsame Wirken seines menschlichen Bewußtseins angewiesen wäre. Die Entwicklung höherer Geisteskräfte führt den Menschen immer zu der Erfüllung seiner Träume.

Es gibt keinen Tod - nur ein Scheiden von dieser Welt, das alle Erinnerungen auslöscht!

Jedes Ende ist ein neuer Anfang!

8. Januar

Wenn Du Dich einem Menschen nicht hingeben kannst, wie könntest Du Dich dann Deinem Herrn hingeben? Denn der Herr verlangt unendlich mehr als ein Mensch.

In der Liebe zu einem Menschen können wir die Liebe zu unserem Herrn lernen. Dafür ist uns die Liebesfähigkeit gegeben worden.

Selbstlos lieben, über die Grenzen Deines eigenen Selbst hinaus.

Wir müssen werden, wer wir sind und nicht weiter die angelernten Rollen spielen.

Wir müssen uns selbst erkennen lernen und den eigenen Selbstbetrug entlarven.

Liebe ist ein Band, das uns eine Inkarnation nach der anderen miteinander verbindet. Aber nur wenn sie selbstlos und edel ist, wird sie uns Glück bringen. Liebe, die sich nicht um das Wohl des Gegenstandes kümmert, ist überhaupt keine Liebe, sondern nur eine Emotion, die sich hinter diesem Namen verbirgt.

Das Wesen der echten Liebe ist das Geben und nicht das Zurückhalten und immer nur an sich denken und nicht an den Gegenstand der Zuneigung.

Es gibt in Wirklichkeit keine Trennung zweier Seelen, die einander aufrichtig zugetan sind. Zwei Menschen, die sich lieben, sind einander näher - auch wenn Tausende von Meilen physischen Abstandes zwischen ihnen liegen - als es zwei Menschen sind, die in engster Nähe, aber ohne Sympathie miteinander leben.

Ein Mensch, der sich bemüht, dem anderen aus seiner Ichbezogenheit und seiner Konvention herauszuhelfen, vermittelt allen Menschen in seiner Umgebung ein Glücksgefühl. Er selbst erfährt dadurch das einzige und unzerstörbare Glück in seiner eigenen Seele.

Nur die allerersten Früchte des Wissens lassen sich aus den Seiten der Bücher pflücken. Obgleich Du schon lange und unermüdlich gelesen hast, wäre das Studium doch so gut wie vergeblich, wenn Du nicht wenigstens dieses gelernt hast: Wahres Wissen ist alleine in der Seele zu finden. Der Weg zu der Seele geht durch das Herz, aus dem alle Dunkelheit verbannt werden muß, durch das Licht der Selbstlosigkeit.

Nur wer ohne Mühe aufgibt, hat wirklich aufgegeben. Denn zu verzichten, auf das, was die Sinne noch begehren, heißt am Rande eines Abgrundes stehen.

Man muß ein klein wenig von seinem Herzen mit jeder Gabe aus seiner Hand schenken.

Der Schlüssel zu jeder Erleuchtung ist das Vertrauen und die erkennende Bereitschaft zu glauben. Ohne diese Voraussetzung kann kein Wissen erworben werden.

Der Anwärter auf das Wissen der Seele braucht Gefühl, Kraft und Wärme.

22. Januar

Niederes muß in Höheres verwandelt werden – nur so kann das höchste Ziel erreicht werden.

23. Januar

Das Wissen aus der Seele ist die Quelle aller Glückseligkeit.

Wenn Du Liebe in Deinem Herzen hast, mußt Du sie allem und jedem geben – sie gleichsam ausatmen.

25. Januar

Wer die Einheit allen Lebens und aller Wesen erkennt, für den kann es keine Einsamkeit, Menschenfeindlichkeit oder Unzufriedenheit mehr geben.

Verschwiegenheit ist eine Tugend, die man nur durch Übung erreicht, und sie ist eine Hilfe für die Beherrschung der Zunge obendrein.

Fragen bedeutet Vertrauen zu haben und an die Gültigkeit dessen zu glauben, was man erfragt.

Seine Liebe im Herzen zu verbergen und ihr Glück denen vorzuenthalten, die sich danach sehnen sie zu empfangen, bedeutet, den ersten Grundsatz der echten Liebe zu mißachten, die nichts anderes verlangt, als andere glücklich zu machen. Sie stellt immer den anderen vor das eigene Selbst.

Zu jedem, der sich verirrt hat, wird jemand kommen, der ihm den Weg zeigt.

Durch Verlangen, aufrichtiges Verlangen, kann man alles erreichen.

Verlangen hat, wenn es aus dem Geist und dem Herzen kommt, wenn es rein und intensiv ist, eine ehrfurchteinflößende und elektromagnetische Energie. Wenn man diese Energie in den Äther schickt, jeden Abend und jeden Morgen, wird mit Sicherheit das Wirklichkeit werden, was man sich vorgestellt hat.

Unsere Aufgabe ist es, jeden Menschen zu lieben. Man erfüllt diese Aufgabe, indem jeder auf seinem Gebiet das tut, was seine Aufgabe ist. Dabei spielt es keine Rolle, was für eine Tätigkeit das ist.

Man muß auch die Menschen lieben, die man nicht mag, bei denen es einem schwer fällt.

Sage die Wahrheit und liebe jeden!

Wissen heißt, von höchster Warte aus alles sehen und erkennen. Man erwirbt dadurch Macht, Gesundheit und Lebensfreude. Diese drei: Macht, Gesundheit und Lebensfreude ergeben sich alleine aus der Vereinigung aller Energien und deren Ausrichtung auf einen Punkt, wo es kein Abzweigen mehr gibt. Dieser Punkt ist das Licht, dem man zustreben muß. Wer es einmal gesehen hat, empfindet eine unendliche Sehnsucht danach, dahin zu kommen. Es wird einem dann auch der Weg dahin gezeigt.

Wir sollen lebendige Menschen werden, die sich von ihrer Intuition leiten lassen und auf ihre innere Stimme hören.

Die Macht der Zeit ist größer als wir denken.

Alles Liebe, Gute
u. viel Freude im
neuen Lebensjahr

Heilkräfte kommen aus der Meditation. In deren Verlauf bemüht man sich, den materiellen und den feinstofflichen Körper mit dieser feinstofflichen Kraft aufzuladen, die es dann möglich macht, aus dem Körper die Krankheiten auch materiell zu entfernen – und zwar vor allem durch die Kraft des Geistes.

Ein Heiler muß erkennen können, wo jeder einzelne geistig steht und ihn so ansprechen können, daß er ihn verstehen kann. Man muß jedem Menschen das geben können, was zu empfangen er in der Lage ist. Man muß seine Sprache der Entwicklungsstufe jedes einzelnen anpassen und jeder Mensch ist anders. Man muß die Überzeugung und Meinung des anderen respektieren und sich unter allen Umständen die innere Ruhe bewahren. Die Zeit ist immer unser Verbündeter.

Die persönliche Entwicklung ist das Ergebnis dessen, daß man die Verantwortung für sich selbst übernommen hat, daß man auf Grund eigener Erfahrung an sich arbeitet.

Das tantrische Prinzip besteht darin, daß der Mensch echte Fortschritte machen kann, indem er seine natürlichen Triebe sublimiert. Nicht, indem er sich zur Entsagung verpflichtet und seine Triebe verdrängt.

Der Mensch ist auf der Erde, um die Gegensätze zu überwinden, die zwischen seinen irdischen Pflichten und seiner Sehnsucht nach Befreiung bestehen.

Man muß seinen Weg finden, auch wenn es noch so schwer ist.

Wir bestehen aus drei Körpern: dem physischen, dem energetischen und dem spirituellem.

Die physische Ebene ist klar. Wenn wir uns der spirituellen Ebene bewußt werden und ihr uns anvertrauen können, dann gibt es keine Probleme mehr für uns. Wir werden geführt, damit wir unsere Aufgabe hier erfüllen können. Die energetische Ebene kann uns die Kraft dazu geben. So ist alles wunderbar geregelt.

Das häufigste Leiden in unserer Zeit besteht darin, zu wenig geliebt zu werden. Deshalb müssen wir jeden lieben – und nur dann wird man auch seinen Nächsten lieben.

Wir müssen der Toleranz in unserem Herzen Raum geben und der Weichheit in unserem Leben Platz lassen.

Wenn ein Mensch aus der ganzen Inbrunst seines Herzens heraus nach dem Licht sucht, kommt ihm mit jedem Schritt, den er auf das Licht zumacht, auch das Licht einen Schritt entgegen. Bis sich beide – Licht und Mensch – irgendwo und irgendwann begegnen.

Es ist Aufgabe eines jeden einzelnen Menschen, sich selbst zu finden und sich selbst zu werden.

Karma bedeutet Energie, die sich am falschen Ort befunden hat, aufzuräumen und dafür zu sorgen, daß sie jetzt am richtigen Ort wirkt.

Es ist das Herz, das die Augen öffnet oder verschließt.

Nach dem Tod ist die Zeit des Wirkens vorerst vorbei. Was dann kommt, ist eine Betrachtung dessen, was war. Erfahrungen werden betrachtet und in Erkenntnisse umgewandelt.

Umsetzung und Anwendung der Erkenntnisse sind nur auf der materiellen Ebene, in einer neuen Inkarnation möglich.

Der Mensch, der in der Intuition lebt und sich von seiner inneren Stimme leiten läßt, steht fest in seinem Gleichgewicht - so wie die Erde, die um die Sonne kreist.

Ein Mensch, der uns wohlgesinnt und von Gott gesandt ist, läßt sich auf dreierlei Weisen erkennen. Durch das Licht, das er in uns entzündet, durch ein Gefühl der Wärme und Liebe, das unser Herz weit macht und schließlich durch die Freiheit, die wir in seiner Gegenwart empfinden. Wobei dann der Entschluß in uns rege wird, edelmütig und uneigennützig zu handeln.

Wenn sich Lichtwesen in uns melden, sind ihre Weisungen nur in tiefer Stille vernehmbar.

Wir müssen es lernen, über die Grenzen unseres Selbst hinaus zu lieben.

Was bedeutet nun aber selbstlos lieben? Das Wohl des anderen vor sein eigenes zu stellen.

Wer wirklich und ernsthaft seinen Weg sucht, dem wird auch jegliche Hilfe zuteil werden.

Darauf dürfen wir vertrauen, und so wird die Suche dann leichter.

Oder anders gesagt: Wer sucht, wird finden.

In den Augen offenbart sich die Wahrheit, die Ohren bergen die Weisheit und von der Liebe verkündet der Mund.

Wer diese innere Sammlung in sich zu verschaffen vermag, der ist imstande, sogar mitten im Alltagsgetöse die Stimme seiner Seele, die auch die Stimme des Höheren Selbst oder die Stimme Gottes genannt werden kann, zu hören.

Wir sind oft auf der Suche nach einem menschlichen Meister. Doch der Meister kann auch in Büchern zu uns kommen. Wer Augen hat zu lesen und Ohren zu hören, kann die Stimme eines Meisters überall vernehmen. Manchmal auch in einer belanglosen Äußerung.

Der Mensch muß mit den Schwingungen, Gefühlen und Gedanken eines anderen in Einklang stehen, um ihn zu verstehen.

Man muß Gedanken des Vertrauens, der Geduld, der Demut, Liebe und Hoffnung hegen. Dann kommt alles von alleine.

Leg Deinen Kummer in ein Lächeln und all Dein Sehnen in ein Lied, damit kein lieblos kaltes Auge Dein schlimmes Herzweh sieht.

Sag Deinen Kummer nur dem Freunde, verschweig den Menschen scheu Dein Leid, sie rauben Dir mit ihren Worten selbst des Schmerzens Heiligkeit.

Jeden Tag bewußt der Kette der Eingeweihten gedenken, in die jeder von uns eingeschlossen ist. So kann man die harmonische Schwingung der Bruderschaft empfinden.

Wer den inneren Meister sprechen hören will, muß drei Bedingungen erfüllen:

Der Pfad, den man zu beschreiten hat, wird immer deutlicher und man darf sich durch kein Hindernis mehr abhalten lassen. Ein Wohlgelingen breitet sich auf alle Geschäfte aus und die Seele weitet sich so sehr, daß man sich gedrängt fühlt, Gott unaufhörlich zu danken. Die Dankbarkeit muß praktisch in unser Herz einziehen. Man wird dann in seinem Wollen immer freier und ist befähigt, Vornehmes und Schönes zu leisten. Es besteht dann nur noch der Wunsch für den anderen da zu sein.

Wenn diese Bedingungen erfüllt sind, ist es unwichtig geworden, ob man einem leiblichen Meister begegnet oder nicht. Denn der wahre Meister ist dann in uns eingezogen.

Der Gedanke, daß andere den gleichen Weg zu gehen haben und dieselben Schwierigkeiten überwinden müssen, ist ermutigend und tröstet uns.

Je mehr Liebe man schenkt, desto mehr Liebe wird man empfangen.

Das Geheimnis des Lebens liegt im Danken, in der Demut und im Gebet.

Das Leiden der anderen auf sich zu nehmen, die Bürde des anderen zu tragen, dem anderen Freude und Liebe zu geben, das ist der Sinn unseres Daseins.

Wer diesen Sinn des Lebens erfaßt hat, ist von unaussprechlicher Freude erfüllt.

Wahre Spiritualität besteht darin, selbst Ausdruck der göttlichen Lehre, der man folgt, zu werden.

Das Wesentlichste ist und bleibt die Arbeit an sich selbst – und die ist am schwersten.

Wer das Licht erblicken durfte und sich auf dem Weg zum Licht befindet, der ist innerlich reich und erfüllt und er dankt Gott für diesen Reichtum.

Man muß sein inneres und äußeres Leben ausgleichen können. Man muß eine Lösung finden, wie man auf der Erde leben und welche Verbindungen man zur Außenwelt unterhalten kann, ohne das Wesentlichste zu vergessen: die Seele und der Geist nehmen den ersten Platz in unserem Leben ein.

Jeder muß seinen eigenen Weg gehen und seine Aufgabe erfüllen. Diese Freiheit muß man jedem lassen.

Die Weisheit beginnt mit der Selbsterkenntnis – zu wissen, wer man ist, was man darstellt, wozu man fähig oder unfähig ist.

Es gibt nichts Höheres, als die Einweihung zu erhalten, Wahrheit und Weisheit zu kennen und im Licht zu leben.

Wenn man die Liebe, die Weisheit und die Wahrheit sucht, wenn man die Freiheit, die Kraft und das Glück finden möchte, muß man wissen, daß man dies alles nur erreichen kann, wenn es gelingt, daß man in seinem Leben nur ein einziges Ziel hat, nur eine Richtung kennt – zum Licht zu kommen.

Jeder Mensch besitzt einen Geist, eine Seele, einen Verstand, ein Herz, einen Willen und einen physischen Körper. Die größte Schwierigkeit ist es nun, diese drei miteinander in Einklang zu bringen. Man kann dies nur durch den unstillbaren Wunsch, zum Licht zu gelangen, erreichen.

Wenn man sich mit dem Licht beschäftigt, werden die größten Umwandlungen bewirkt. Zuerst im Körper, dann im Herzen, im Geist und in der Seele- später auch in anderen Geschöpfen.

Das größte Wunder ist es, wenn das Herz eines Menschen sich wandelt und sich öffnet.

Man muß sein Herz erst einem Menschen öffnen lernen, dann kann man es auch allen Menschen öffnen und dann kommt fast von alleine das Licht herein. Aber das ist das Schwerste für uns.

Wer sich ändern will, muß sich anstrengen! Doch es lohnt sich.

Es gibt ein universelles Gesetz der Liebe und der gegenseitigen Hilfe – aber es wird nur bei eigener Anstrengung ausgelöst.

Man muß sich angewöhnen zu geben – und zwar das Beste, das man besitzt.

Allein durch den Wunsch, für den anderen etwas zu tun, öffnen sich Türen vor uns. Wenn man geben, dem anderen etwas bringen will, dann sprudelt Leben in uns.

Um sich zu verstehen, muß man auf einer Wellenlänge mit dem anderen schwingen. Davor darf man keine Angst haben, sich innerlich in Einklang mit dem anderen zu begeben. Denn nur dann kann Harmonie zwischen den Menschen sein.

Wenn man sich an eine Person klammert, bekommt es diese mit der Angst zu tun, und sie wird alles tun, um sich von einem zu entfernen. Deshalb muß man immer in seinem eigenen Zentrum stehen. Man kann dem anderen seine Kraft, seine Liebe und seine Wärme geben, aber man muß in seinem eigenen Mittelpunkt bleiben.

Wenn man mit jemand in Einklang schwingt, kennt man seine Gedanken und Gefühle. Seine Eigenschaften übertragen sich. Erst wenn man mit einem anderen Menschen in Einklang ist, kennt man ihn. Durch das Schwingen auf der gleichen Wellenlänge kommen sich zwei Wesen näher, und das ermöglicht es ihnen, sich zu kennen und zu verstehen. Genau das ist Liebe. Die wahre Liebe ist das wirkliche Erkennen eines anderen.

Gewiß, man wird leiden, aber nur dadurch entfaltet und entwikkelt man sich – und eines Tages ist das Leiden vorbei.

Man erntet nur das, was man gesät hat.

Die Liebe muß den anderen erheben. Nur wenn man sieht, daß sich der andere unter dem Einfluß der Liebe entfaltet, darf man stolz und glücklich sein. Man muß dem Himmel danken, daß man ihm helfen und ihn beschützen kann, daß man ihn einen Teil seines Weges begleiten darf.

Die Liebe, die wahre Liebe steht weit über der sexuellen Anziehungskraft und sogar über dem Gemüt. Die wahre Liebe ist ein Bewußtseinszustand.

Die sexuelle Anziehung ist ein Phänomen, das sich nicht allen Geschöpfen gegenüber äußern kann. Es ist eine Frage von Wellenlänge, Vibrationen und Fluidum. Doch wahre Liebe kann sich allen Menschen gegenüber äußern.

Die Liebe, die als Bewußtseinszustand erlebt wird, steht über den Umständen und Personen.

Man muß den Körper trainieren, ein Instrument des Geistes zu werden. Dann wird man fähig, sich loszulösen, den physischen Körper freiwillig zu verlassen, den Raum zu durchqueren, andere Regionen und andere Wesenheiten zu entdecken.

Wir sind nicht auf dieser Welt, um den Erwartungen des anderen gerecht zu werden und der andere ist nicht hier, um meinen Erwartungen gerecht zu werden. Vielleicht treffen wir uns kurz auf dieser Welt, um uns zu erkennen – das ist alles.

Das Tantra verlangt Mut, Ehrlichkeit, die Bereitschaft zu Veränderung und disziplinierte Freiheit. Die Demut und die Konzentration auf Prioritäten, die notwendig sind, um diesen Weg zu gehen, sind nicht leicht zu vollbringen.

1. April

Wir werden unmerklich auf andere Ebenen versetzt und eines Tages stellen wir mit Erstaunen fest, daß wir angelangt sind, ohne von der Reise etwas gemerkt zu haben.

Die Macht des Egos, sein Verlangen zu besitzen und zu beherrschen, schließt die Offenheit und die Hingabe aus, die wahre Liebe verlangt.

Wenn das Ego seinen Willen zur Macht nicht opfern kann, wird es weder in das Geheimnis eindringen, was Liebe ist, noch seine Reise zu den sublimeren Bereichen des Bewußtseins fortsetzen.

Selbstachtung und das Gefühl für persönliche Macht sind unmittelbar mit dem Gefühl verbunden, geliebt und akzeptiert zu sein. Deshalb sind die meisten Menschen davon abhängig, daß andere ihnen das Gefühl vermitteln, sie seien wertvoll.

Erst wenn wir uns so sehen, wie wir wirklich sind, und darüber schockiert sind, können wir das Trugbild von uns aufgeben. Erst dann kann die Reise zu unserer echten Identität beginnen. Zu der Begegnung mit unserem Schatten brauchen wir Demut und Vertrauen.

Wir Menschen haben eine lange Geschichte von nicht erfüllten, emotionalen Bedürfnissen und Wünschen, die in unsere Beziehungen zu anderen hineingetragen werden. Oft projizieren wir eine Unzahl von Erwartungen und Ansprüchen in eine Beziehung, ohne klare Wünsche zu äußern. Dadurch erfahren wir immer wieder den Schmerz der Vergangenheit.

Gebet läßt sich am besten als Möglichkeit verstehen, um das zu bitten, was vom erhabensten Teil unserer Natur aus gesehen, das Beste ist. Wichtig ist, daß wir uns an eine »höhere Macht« wenden, was auch immer unsere Vorstellung davon sein mag.

Jede Seele hat mindestens einen spirituellen Tutor, der als Geistführer bezeichnet wird. Die meisten Menschen haben mehrere solcher Lehrer und wir bekommen im Verlauf unserer Entwicklung neue Lehrer. Der Geistführer macht der Seele Vorschläge, die Seele hat jedoch die freie Wahl, sie anzunehmen oder nicht. Sie trägt auch die Verantwortung dafür, wenn sie der angebotenen Führung folgt.

Regelmäßige Meditation und aufmerksames Beobachten unserer Träume erhöhen die Empfänglichkeit für die innere Führung. Sie ist sehr subtil und rät uns oft in einer Weise, die den Wünschen und Verlangungen des Egos zuwiderlaufen.

Wer das Licht einmal gesehen hat, wird unwiderstehlich davon angezogen und er wird alles tun, um in seine Nähe zu kommen.

Man muß sich der Kraft des Universums überlassen und ihr vertrauen. Sie ist in uns selbst lebendig und spürbar. Man kann ihre Gegenwart in sich fühlen und wahrnehmen, wie sie uns führt und leitet, lehrt und ermutigt. Was auch immer man braucht, es wird durch diese innere Kraftquelle erfüllt werden.

Indem wir lernen, unserer Intuition zu folgen, stellen wir eine direkte Verbindung zur höheren Kraft des Universums her und ermöglichen es ihr, uns zu führen und zu leiten.

Unsere Intuition hat eine Verbindung zur Weisheit und zum Wissen der kosmischen Intelligenz. Das Leben wird leicht und mühelos, wenn man es lernt, dieser Führung zu vertrauen. Alles was man tut und fühlt, fügt sich harmonisch in das Leben unserer Mitmenschen ein.

Man bekommt alles gesagt, was man wissen muß.

Ein Kanal zu sein heißt, voll und ganz Du selbst zu sein, in dem Bewußtsein, daß Du ein Ausdrucksmittel für die höchste kosmische Kreativität bist.

Wenn Du in einer inneren Harmonie mit Dir selbst bist, benötigst Du diese Harmonie auch in Deiner Umgebung. Sie stellt sich dann von alleine ein. Nur in dieser Harmonie mit allem kann sich Deine Energiefrequenz dann insgesamt erhöhen, da Du keine unnötige Energie mehr nach außen verlierst.

Je stärker die Anziehung eines Menschen auf mich ist, um so stärker spiegelt er mich wider. Aber auch je größer die Abneigung gegenüber einem Menschen ist, desto mehr stellt er ein Abbild einer Seite von mir dar, die ich nicht sehen möchte.

Wer die Kraft der Kundalini erweckt, lebt fortan aus seinem Potential heraus und tritt damit in eine Welt ein, die sich von unserer Welt vollständig unterscheidet.

Wahre Liebe will nur das Wohl des anderen. Liebe, die jedoch Traurigkeit in einem Menschen erweckt, ist keine Liebe.

Der gesamte Kosmos befindet sich ständig in einem Zustand des Zusammenziehens und Loslassens. Das schafft die Weltenergie. Siehe bei Ebbe und Flut, die dies verdeutlichen und auch den Lauf der Planeten. Der Mensch kann im Erleben des Orgasmus in der Sexualität eine minimale Ahnung davon bekommen. Durch das Aufsteigen der Kundalini nimmt er an diesem kosmischen Orgasmus teil und verbindet sich damit mit dem Kosmos.

Das kleine Selbst der Menschen muß sich auflösen – es muß weichen, um einer höheren Energie Platz zu machen. Dies kann man nicht erzwingen oder wollen. Es ist vielmehr das, was übrigbleibt, wenn man einfach aufgibt und sich dem überantwortet, was sein wird.

21. April

Disziplin, Konzentration, Wille und Herz benötigt man zum Erwecken der Kundalini. Und das Wichtigste ist die Demut.

22. April

Man muß immer sagen, was man möchte, sonst kann man es nie bekommen.

Anspruchslos und in immer stärkerem Maße von den äußeren Reizen der Welt befreit muß man werden, um dem Weg des Lichtes zu folgen.

Man benötigt Mut, Entschlossenheit und Zielgerichtetheit, um so oft wie möglich mit dem höheren Selbst Kontakt aufzunehmen. Am Anfang tut man dies, um Rat zu bekommen. Später wird die Führung von einer höheren Macht übernommen, der man sich vollkommen anvertraut.

Es ist Disziplin auf der menschlichen Ebene, intuitive Offenheit und Feinfühligkeit sowie auch Stille für die Aufnahmefähigkeit mit der höheren Ebene erforderlich.

Alle Energien des Körpers, alles im Menschen muß sich danach sehnen, weiterzukommen, um dem Weg des Lichtes zu folgen. Doch wenn man dieses Licht einmal gesehen hat, ist die Sehnsucht so mächtig in einem, daß man wie von einem Magnet angezogen wird. Man hat dann keine andere Wahl mehr.

Man darf die Traurigkeit in sich nicht abwehren, man darf Sorgen, Schmerzen und Leid nicht beklagen. Gesegnet sind diese Dinge, denn durch sie wachsen wir zum wahren Verstehen unseres Weges.

Wer das ewige Kommen und Gehen auf dieser Welt sehen kann, den schreckt nichts mehr. Alles hat seinen Sinn und muß so erfüllt werden.

Die Mächte des Bösen haben keinen Zugang zu jemand, der im Licht wandelt.

Zuerst ist es ein geistiger Impuls, der uns aus dem Kosmos geschickt wird. Er formiert sich in uns als Gedanke, der wird zum Gefühl und manifestiert sich dann auf der physischen Ebene. Wir schaffen uns unsere Wirklichkeit selbst.

Wenn man das kosmische Gesetz der Liebe verstanden hat, ist nichts mehr unmöglich. Man wird es aber erst verstehen, wenn man alle äußeren Bedürfnisse abgelegt hat. Solange man noch Wünsche hat, bleibt einem diese Wahrheit verborgen. Doch dann ist man wunschlos glücklich. Man weiß, man kann alles erreichen, alles steht offen. Wofür sich noch sorgen?

Vergiß nie, daß Du Deine Beziehungen selbst auswählst – ob bewußt oder unbewußt. Sie geschehen für Deine Entwicklung, für Dein Wachstum zu wahrer Freiheit, Kreativität und Zufriedenheit. Deine Beziehungen sind ein Spiegel Deiner selbst.

Jeder von uns muß mit Herz und Verstand entscheiden, was richtig für ihn ist und danach leben, solange er andere nicht damit verletzt.

Alleinsein und stille werden heißt, sich auf sein heiliges Wesen einzustimmen.

Geduld ist Kraft in höchster Potenz.

Wissen heißt, die Bedeutung einer Absicht zu fühlen, nicht einfach nur zu glauben, nicht nur zu hoffen oder Anweisungen zu befolgen, sondern lebendiges, unabdingbares Vertrauen zu etwas zu haben.

Dies ist die Gewißheit und Sicherheit, nach der wir Menschen streben.

Wenn vom Menschen gefordert wird, sich selbst zu erkennen, muß er letztlich in Übereinstimmung mit allen Ebenen kommen, beginnend bei der physischen Ebene.

Einem menschlichen Wesen zu dienen, ist das Vehikel für das eigene Wachstum.

9. Mai

Der erleuchtete Mensch blickt auf die Außenseite, aber er steckt nicht im Äußeren, er ist nicht Teil des Äußeren. Er schaut nach außen, aber er bleibt innen. Er benützt die Dinge dieser Welt, aber er haftet nicht an den Dingen der Welt.

Man kann nicht nach Glück suchen, man hat es in sich.

Auch wenn wir uns in die totale Isolation einer selbstgeschaffenen Welt des Erfolges zurückziehen, wird die dadurch erreichte Befriedigung niemals ausreichen, um uns aus den tieferen Ebenen der Ruhelosigkeit zu befreien.

Sich selbst zu erkennen bedeutet, das eigene Verhalten zu erforschen, unser Verhältnis zum anderen zu überprüfen, unsere Reaktionen auf verschiedene Erfahrungen und Menschen zu untersuchen. Wenn wir uns auf so vielfältige Weise festgelegt haben, bleibt uns zuwenig Zeit, über uns selbst nachzudenken, andere zu beobachten, uns selbst zu erforschen.

Erleuchtung bedeutet Selbsterkenntnis. Das tiefe, innere Wissen über das Selbst, über das Leben, wird einen danach nie mehr verlassen.

Kein Mensch kann Dir Wahrheit und bleibendes Glück schenken, solange Du Dein wahres Selbst nicht gefunden hast. Doch bevor wir uns verändern können, müssen wir wissen, wer wir sind und was wir sind.

Es ist dem menschlichen Geist nicht möglich, im Charakter eines Menschen irgend etwas von spiritueller Natur zu entdecken. Spiritualität kann ebenso wenig entwikkelt werden wie Intuition, Inspiration, Mitgefühl, Güte oder Liebe.

Wenn Liebe in der Seele ist, wird man mitleidig und demütig sein.

Konflikte können beendet werden, indem das Selbst aufhört, über sich selbst nachzudenken. Denn jeder Konflikt entsteht nur in Dir selbst.

Der menschliche Geist kennt keine spirituelle Liebe, sondern nur sinnliche Liebe. Spirituelle Liebe ist das Unbekannte für uns.

Erleuchtung bedeutet eine unendliche Höhe spiritueller Wahrnehmung. Man kann sie nur erfahren, wenn man ein bestimmtes Stadium der spirituellen Entwicklung erreicht hat. Erleuchtung entsteht, wenn der Mensch den Weg der ganzen Menschheit erfährt und begreift, wenn er ein vollkommenes Verständnis von sich und seinen Beziehungen zur Welt des Menschen, zur Natur der Welt und zur Natur des Menschen entwikkelt hat.

Nur der Mensch, der die Fähigkeit besitzt, einen einzelnen zu lieben, kann auch das Ganze lieben.

21. Mai

Habe Geduld – jeden Tag kann und soll man sich darin üben!

Zu sich selbst zurückzukommen, sich selbst zu erkennen, das ist die Wahrheit. Das ganze Selbst ist ein endloser Strom. Während wir unser Selbststudium fortsetzen, während wir immer mehr über unser Selbst erfahren, kommen wir zu einem Verständnis, das ganz von innen kommt. Dann findet eine ungewöhnliche Veränderung in den direkten Beziehungen zwischen einem selbst, den Menschen und der unmittelbaren Umgebung in der man lebt, statt. Das ist der Anfang der inneren Ruhe, die Ausdruck des kreativen Glückes ist. Das ganze Selbst ist Liebe und Wahrheit.

Erleuchtung bedeutet Selbsterkenntnis, Erkenntnis des Ganzen. Es ist Selbstwahrnehmung. Sie geschieht augenblicklich. Doch diesem Augenblick geht eine lange, von vielen Enttäuschungen begleitete Vorbereitungszeit voran. Doch wenn man von dem Blitz der Erleuchtung getroffen wird, wird einen das tiefe, innere Wissen über das Selbst und über das Leben nie mehr verlassen. Die Erleuchtung geht weit über den menschlichen Geist hinaus.

Man muß selbst zu einem Zentrum in sich werden, man muß Wahrheit werden.

25. Mai

So wie wir selbst sind, so wird unsere Welt. Die Welt ist ein Spiegel unserer selbst.

Wenn ich wahre Liebe zu einem Menschen in mir trage, dann wird sich diese Liebe eines Tages auch in ihm widerspiegeln. Jst meine Liebe selbstlos, dann wird es eine reine Liebe sein. Jst sie besitzergreifend, dann wird sie zerstörerisch, denn jedes Besitzenwollen zerstört.

Auch wenn es notwendig ist, daß ein Mensch diese Welt durchläuft, braucht er nicht ein Teil davon zu sein.

Der Mensch besitzt keine Kontrolle über die äußere Welt; aber er besitzt eine Kontrolle über seine eigene innere Welt.

Alle Probleme dieser Welt, alle unsere Probleme liegen in uns selbst. Selbsterkenntnis ist der erste Schritt auf dem Pfad zum inneren Selbst. Um sich selbst zu kennen, muß man gewillt sein, alles über sich selbst zu akzeptieren. Nur der Teil von uns, der wirklich ist, der unangenehme Teil, kann verwandelt werden.

Die Aufrichtigkeit ist ein spirituelles Motiv, ebenso das Mitleid. Spirituelle Motive sind reiner Ausdruck der Seele im Inneren.

Das Leben selbst, ein jedes Ding und jede Seele sind göttlich. Wo immer es Liebe, Aufrichtigkeit und Mitleid gibt, ist Gott.

Die vollkommene Freiheit ist das Wesentliche bei der Selbsterkenntnis. Wer Selbsterkenntnis verwirklicht hat, versteht die Angst nicht mehr.

Die wichtigsten Fragen, die wir uns stellen müssen:

Wer bin ich ?
Was bin ich?
Wie bin ich ?
Warum bin ich hier?

3. Juni

Vor etwas Unbekanntem kann man keine Angst haben. Man kann nur Angst haben, etwas Bekanntes zu verlieren, oder etwas, was man sich wünscht, nicht zu bekommen.

Der erleuchtete Mensch, der mit der Natur der Welt und mit der Natur des Menschen vertraut ist, lebt ohne Angst, weil er sich durch keinen äußeren Weg verführen läßt. Er kennt nur einen Weg, das ist der Weg zu sich selbst und damit zum Licht oder zu Gott.

Wie Eisenspäne auf einen Magneten ausgerichtet werden, so wird das Sein eines Menschen auf das Licht ausgerichtet, wenn er es das erste Mal gesehen hat.

Niemand kann Dich zu etwas zwingen, ohne daß Du damit einverstanden bist. Es gibt keine Aktion ohne Reaktion. Du bekommst genau das, was Du gegeben hast.

Nur Du selbst trägst die Verantwortung für Deine Fehler und Triumphe. Letzen Endes bist Du das Einzige, was Du hast.

Wenn Du Dir der Absicht bewußt wirst, die hinter jedem Deiner Gedanken, Gefühle und Werke steht, dann hast Du Dein Leben unter Kontrolle. Dann wirst Du selbst darüber entscheiden, was Du tust.

Sobald Du Dein Leben unter Kontrolle gebracht hast, und auch allen anderen Menschen die Freiheit läßt, in ihrer Welt zu leben, wirst Du Dich selbst in einer neuen Realität erkennen und in einem neuen Bewußtsein sehen.

Verantwortung und Erkenntnis sind die beiden Kräfte, die Deine persönliche Macht ausmachen.

Durch Herzensbindungen werden wir oft so sehr in das Leben anderer Menschen verwickelt, daß wir manchmal gar nicht wissen, wo unsere Gefühle beginnen und die des anderen aufhören. Wir nehmen das Gefühl des anderen gar nicht wahr, sondern nur unser eigenes.

Die spirituelle Freiheit liegt in uns, aber auch die spirituelle Verantwortung.

Wir müssen jedem Menschen die Freiheit lassen, so zu handeln, wie er will, und die Last seiner eigenen Beweise zu tragen.

Wenn wir uns etwas zu sehr wünschen, schieben wir es von uns weg. Wenn wir es aber gar nicht verfolgen, kommt es auch nicht zu uns. Wenn wir Angst davor haben, ziehen wir es unweigerlich an. Doch in unserer Angst können wir den positiven Aspekt einer Sache niemals erkennen.

Die Lösung liegt darin, es nicht zu fürchten, aber es auch nicht allzusehr zu ersehnen, sondern es mit zwanglosem, beständigem Interesse zu verfolgen. Kurz – sich führen zu lassen. So kommt man am sichersten und schnellsten dahin. Das ist der Weg zum Licht, zu Gott und zu allen Dingen dieser Welt.

Man muß die vollständige Bewußtheit des Augenblicks erfahren.

Wer immer strebt, wird sein Ziel erreichen!

Das Gesetz des Schweigens muß beachtet werden.

Menschen dürfen ihre Liebe nicht an Bedingungen knüpfen. Sie müssen ihren Partnern uneingeschränkten Respekt entgegenbringen und völligen Freiraum lassen. Sie können den anderen lieben, ganz egal, was geschieht, und ihm die Möglichkeit geben, sich in seinem eigenen Tempo weiterzuentwickeln. Nur ein reifer, selbstbewußter Mensch ist in der Lage, eine solche Liebe zu geben – jemand der versteht, daß er selbst auch eine solche Liebe braucht. Um sie empfangen zu können, muß man sie auch geben können.

Auf dem Weg zum Licht wird uns gezeigt, was wichtig für uns ist. Man darf weder zu schnell, noch zu langsam gehen, sondern immer im Einklang mit den kosmischen Gesetzen.

Bedingungsloser Gehorsam wird von uns verlangt.

Die Lektionen, die uns das Leben erteilt, können dem nützen, der sie mit Ausdauer sucht und akzeptiert.

19. Juni

Der Weg der Weisheit ist für alle offen, auch für den einfachen, ungebildeten Menschen.

Der wahre Weg der Weisheit ist durch drei Dinge gekennzeichnet:

Durch Liebe, durch praktische Anwendung im Leben und durch große Sehnsucht danach.

Wenn alles neu ist, sieht man nur das Schöne und freut sich des Lebens.

Dies ist bei jeder neuen Beziehung der Fall. Doch das Schöne ist immer da – nur können oder wollen wir es später nicht mehr sehen.

Man muß seinen Weg bewußt zurücklegen. Auch wenn man ein verlockendes Ziel anstrebt, so ist es unerläßlich, auf den Weg zu achten. Der Weg bereichert uns, so lange wir ihn benutzen und wahrnehmen.

Es ist wie in der Liebe: Die vorangegangenen Zärtlichkeiten bestimmen die Intensität des Orgasmus.

Man muß die Geheimnisse des Alltäglichen erforschen, die wir aus Routine übersehen. Das Außergewöhnliche ist auf dem Weg der gewöhnlichen Menschen zu finden.

24. Juni

Die Zeit vergeht nicht immer gleich schnell. Wir bestimmen selbst den Takt der Zeit.

Die Angst vor irgend etwas bedeutet Leiden und die Angst wird auch Leiden erzeugen.

Indem man die alltäglichen Dinge auf eine andere Weise sieht, verschafft man sich die Möglichkeit, daß in einem selbst ein neues Bewußtsein entsteht.

Das Göttliche ist in allem, was uns umgibt und auch in uns. Es sollte erfahren und erlebt – und nicht erläutert werden.

Der Mensch darf nie aufhören zu träumen, denn Träume sind die Nahrung der Seele. Wenn wir nicht träumen, stirbt unsere Seele.

Das erste Zeichen, daß wir unsere Träume abtöten, ist der Mangel an Zeit. Das zweite ist der Drang nach Sicherheit. Das dritte Merkmal für das Sterben unserer Wunschträume ist der Friede. Dann hat man aufgegeben, für seine Träume zu kämpfen.

Bei allen Gelegenheiten, sich zu schaden, hat der Mensch ausgerechnet in der Liebe die schlimmste Möglichkeit gefunden. Wir leiden ständig um jemand, der uns nicht liebt, der uns verläßt, oder wegen jemand, der uns nicht freigibt. Für die meisten Menschen bedeutet Liebe oft nur Leid und Opfer, anstatt tiefe Freude und Glück.

Glücklich ist, wer lieben kann.

Viele Menschen möchten nicht zu viel vom Leben erwarten, um nicht enttäuscht zu werden. Aber wer die Auseinandersetzung nicht scheut, der muß das Leben wie einen großen Schatz betrachten, der entdeckt und erobert werden will.

Selbstlose Liebe – das ist das Schwerste, das wir im Leben vollbringen können.

2. Juli

Auch wenn nichts passiert, kann sich viel verändern.

Meistens verliert man die Begeisterung, wenn man keinen Erfolg hat. Wenn uns nicht bewußt ist, daß die Begeisterung eine höhere Energie ist, die sich nur auf den Enderfolg richtet, schenken wir ihr keine Beachtung mehr und merken nicht, daß wir dadurch auch den wahren Sinn unseres Lebens mißachten. Wir machen die Welt für unsere Mißerfolge verantwortlich und vergessen, daß wir selbst die mitreißende Kraft unserer Begeisterung nicht nutzen.

Was macht es schon aus, Niederlagen einzustecken, wenn es doch das Wichtigste ist, das Leben zu leben!

Ein Schüler kann niemals die Schritte seines Lehrers machen. Denn jeder hat eine andere Art, mit den Schwierigkeiten und den Eroberungen des Lebens umzugehen. Lehren heißt zeigen, was möglich ist. Lernen heißt, es für sich selbst möglich zu machen.

Das ist der schwierigste Augenblick im Leben eines Menschen, wenn er den »guten Kampf« erkennt und nicht den Mut aufbringt, die Auseinandersetzung anzunehmen und sein Leben zu ändern. Wenn das passiert, dann wendet sich das Wissen gegen den, der es besitzt.

Wenn dieser Moment kommt, wird man es wissen.

Die rechten Menschen sind immer zur rechten Zeit am rechten Ort.

8. Juli

Man muß den Zweck kennen, wenn man sich etwas wünscht.

9. Juli

Unsere Welt ist nur ein Spiegelbild des gesamten Kosmos und wir Menschen sind nur ein Teil des Kosmos. Ebenso sind wir auch ein Spiegelbild des Göttlichen und damit auch ein Teil des Göttlichen.

In allem und in jedem von uns sind positive und negative Eigenschaften. Wie Ein- und Ausatmen, wie Ebbe und Flut, wie Tag und Nacht, ist in jedem Menschen Gut und Böse. Unsere Aufgabe ist es, das zu erkennen und für ein Gleichgewicht der Kräfte zu sorgen.

11. Juli

Wer sich selbst kennt, kennt das All.

12. Juli

Es gibt ein uraltes Wissen im Menschen, das keiner Worte bedarf. Wir nennen es Intuition. Mit der Gabe der Intuition können wir dem anderen Menschen direkt ins Herz schauen.

Viele Menschen benötigen eine Maske, um ihr wahres Selbst zu verbergen. Diese Maske darf man ihnen nicht abnehmen, da sie sich sonst nackt und bloß fühlen und Angst haben, daß man die in jedem Menschen liegenden Seiten von Gut und Böse entdecken könnte. Dabei hat jeder Mensch beide Seiten in sich und keiner braucht sich der schlechten Seite zu schämen. Man muß sie nur kennen und akzeptieren.

Dinge und Menschen, die einmal miteinander in Kontakt gewesen sind, wirken auch dann noch aufeinander ein, wenn sie längst wieder voneinander getrennt sind.

15. Juli

Der Mensch muß sich durch immerwährendes Streben selbst erlösen. Doch hilft dem ehrlich Bemühten die Gnade des Göttlichen. An die Schwelle der Gnade gelangt, wer sein eigenes Werden und sein eigenes Streben begreifen und kennen lernt.

Jeder muß bei sich selbst anfangen, sich kennen zu lernen. Es ist in der Tat so, daß jeder von uns – und zwar ausnahmslos – das Leben – und zwar sein eigenes Leben – zur Mysterienschule machen kann. Dabei muß er lernen, darauf zu achten, welche Lektionen für ihn am Weg verborgen sind und muß sie annehmen. Darin liegt die Schwierigkeit.

Wahrnehmung ist die komplette Aufmerksamkeit dem anderen gegenüber. Wenn ich den anderen wahrnehmen kann, dann kann ich ihn nicht mehr verletzen oder hassen. Denn sein Schmerz wird dann zu meinem Schmerz. Bevor ich allerdings den anderen wahrnehmen kann, muß ich meiner selbst bewußt sein.

Alles, was Du einem anderen tust, tust Du auch Dir an. Darum trachte, möglichst viel Gutes zu tun, denn Du tust es für Dich.

Die Jllusion selbst ist die Schmerzquelle für uns.

Jeder Schmerz wird von Unwissenheit und absichtlicher Blindheit verursacht, wenn uns die Erfahrung bereits etwas anderes gelehrt hat. Wir halten uns für ein Opfer der Umstände, obwohl wir uns erlaubt haben, unwissend zu bleiben. Würde unsere Jntelligenz richtig eingesetzt, stellten wir scharfsinnige Nachforschungen an. Diese würden zu einer angemessenen Wahrnehmung der Wirklichkeit führen, anstatt zu einer falschen, die weitere Schmerzen verursacht.

Wir sind hier in der Materie verkörpert, damit wir bestimmte Sachen lernen und zwar so, daß sie uns buchstäblich in Fleisch und Blut übergehen. Denn was wir hier so gelernt haben, wird Teil unseres Ichbewußtseins, das wir immer besitzen. So müssen wir Schritt für Schritt lernen, um weiterzukommen.

Man muß sein Ego aufgeben und darf nur noch aus der Einsicht und in der Verantwortung für das Wohl der anderen und damit für das Wohl des Ganzen handeln.

Die Rolle des Männlichen besteht darin, für den anderen zu sorgen, das heißt fürsorglich zu werden. Dies ist die Ergänzung zur dienenden Frau. Es ist wie zwei Seiten eines Blattes. Jeder gibt und bekommt für sich vieles zurück.

Wir müssen dankbar sein für jeden Weg, den wir gehen dürfen, und auf unsere Führung vertrauen.

Es gibt keine Zeit. Nur in unserer Vorstellung existiert die Zeit. In unseren Träumen können wir die Aufhebung der Zeit erfahren. Alles ist gleichzeitig.

Es gibt drei Wege zur Erkenntnis: den des Glaubens, den des Forschens und den der meditativen Innenschau.

Derjenige, der den Weg des Glaubens an das Göttliche und den Kosmos, oder wie immer man es nennen mag, gehen kann, hat es am leichtesten. Denn er fragt nicht, er zweifelt nicht, er glaubt und vertraut und wird dadurch geführt. Das ist heute selten geworden.

Der Weg des Forschens bedeutet Arbeit und man weiß nicht wofür. Er benötigt viel Geduld und Ausdauer.

Der Weg der Meditation ist für uns ungewohnt. Doch man gelangt zu tiefen Erkenntnissen dabei. Am besten ist die Kombination von allen dreien.

Geduld bedeutet nicht, mehr »machen« zu wollen, sondern »zulassen« zu lernen.

Wir dürfen uns selbst nicht so wichtig nehmen. Dann erst können wir zur selbstlosen Liebe fähig werden. Selbstlose Liebe bedeutet, den anderen lieben wie sich selbst. Den anderen als einen Teil von sich lieben.

Da es keine Zeit gibt, kann es auch keine früheren Leben geben. Wir sehen in diesen »früheren Leben« nur Ausschnitte aus dem großen Spektrum des Seins oder aus den Bildern unseres Seins. Dieser andere Blick auf unser Dasein kann uns unsere Aufgaben, unsere Verpflichtungen und Gefahren für uns zeigen.

Welchen Weg Du auch immer gehst, er wird Dich immer nur zu Dir führen.

Sage nie, das kann ich nicht. Vieles kannst Du, will`s die Pflicht.

Alles kannst Du, will`s die Liebe, darum Dich im Schwersten übe.

31. Juli

Auf der wahren, ernsthaften Suche nach einem Weg zu anderen findest Du den Weg zu Dir.

Man kann sich einem Geheimnis nur nähern, wenn man sich selbst auf den Weg macht, es kennenzulernen. Genauso kann man einen Menschen nur kennenlernen, wenn man sich auf den Weg zu ihm macht. Natürlich kann man dabei verletzt werden, aber anders kommen wir nicht weiter.

2. August

Hilfe für den anderen besteht immer nur im bloßen Dasein.

Eine Liebe, die keine Enttäuschung, aber auch keine Erneuerung von außen her kennt, der Güte, Mitgefühl und Dankbarkeit beigemischt sind, die sich nicht aufdrängt und beunruhigt, die nicht gibt, um zu nehmen, besitzt gerade deshalb eine erstaunliche Macht, weil sie keine Macht anstrebt.

Die Angst vor dem Tod gibt uns die Zeit, oder anders ausgedrück: Die Angst vor irgendetwas läßt uns die Zeit bemessen.

Die Wahrheit liegt nur in Dir selbst. Jeder Mensch hat seine eigene Wahrheit. Es gibt keine objektive Wahrheit.

Man darf sich selbst nicht als »Mitte«, auf die alles bezogen wird, ansehen. Man ist nur ein kleiner Teil von allem und muß sich den Dingen anpassen.

In den Tag hineinleben, jeden Tag, jede Stunde, jeden Moment ganz erfüllend, die künftigen Tage in des Schicksals Dunkel ruhen lassen.

Nicht das Wort, sondern die Tat und das bloße Dasein müssen überzeugen. Oder anders ausgedrückt: Wir müssen leben, wovon wir sprechen.

Jede Art von Unbehagen im Körper oder in seinem Leben ist ein eindeutiges Zeichen dafür, daß man nicht in Übereinstimmung mit seinem wahren Selbst lebt.

Wir wählen unsere Eltern und unsere Partner so aus, daß sie das Umfeld schaffen, das für eine ganz bestimmte Erfahrung notwendig ist.

Das Gesetz von Ursache und Wirkung ist in jedem Lebensplan eingewoben. Wir schaffen uns unsere eigene Wirklichkeit. Man schafft tatsächlich nur das, was man wirklich will.

Je reifer ein Mensch wird, umso mehr ist er selbst für die Erfüllung seiner Bedürfnisse verantwortlich. Wahre Reife ist dann erreicht, wenn ein Mensch aufhört, anderen die Schuld für die Entbehrungen in seinem Leben zu geben und sich statt dessen aufmacht, selbst das zu schaffen, was er braucht und ersehnt.

Es geht nicht darum, nur die Hand auszustrecken und etwas zu wollen. Wir müssen uns schon selbst anstrengen und erst vieles von uns geben, ehe wir auch empfangen dürfen. Doch wird Geben und Nehmen immer im Gleichgewicht sein.

Alles ist nur eine Frage der Wahrnehmung. Leider ist unsere Wahrnehmung hier äußerst begrenzt. Erst wenn es uns gelingt, diese Grenzen zu überschreiten, können wir höhere Einsichten gewinnen und alles von einer anderen Warte aus sehen.

Ein starker Wille, ein großes, liebendes Herz und ein ausgeprägter Verstand sind erforderlich, um eine andere Wahrnehmung von den Dingen dieser Welt zu erhalten.

Mit Würde und in Demut, mit bedingungsloser Liebe müssen wir den Menschen begegnen.

Zeige dem anderen, daß Du ihn brauchst. Du machst ihn damit glücklich. Denn jeder Mensch will gebraucht werden.

Zerstörung ist der erste Schritt zur bewußten Erneuerung. Das Alte muß sterben, damit etwas Neues wiedergeboren werden kann.

Glauben alleine genügt nicht. Man muß ein tiefes inneres Wissen haben, das uns dann auch die Sicherheit gibt.

Unsere Arbeit ist es nicht, herauszufinden, wie man gut sein kann. Wir sind bereits gut, da wir nach dem Bild des Göttlichen geschaffen sind. Unsere große Illusion ist es, daß wir glauben, wir seien nicht gut. Diesem Irrglauben sind wir aufgesessen und haben uns noch aufgemacht, ihn zu beweisen.

Ob Du glaubst, eine Sache gut machen zu können oder nicht, Du behältst auf jeden Fall recht.

Die Freiheit und die Sehnsucht müssen immer in Dir bleiben, sonst lebst Du nicht mehr und hast Dich aufgegeben.

Am wichtigsten ist es, sich selbst und dem anderen zu vergeben. Gott ist nicht hinter uns her wegen unserer vergangenen Taten, wir selbst sind es, die sich weigern, uns zu vergeben. Da Gott uns angenommen hat, können wir uns auch selbst annehmen. Da Gott uns liebt, können wir uns auch selbst lieben.

Zu leben, ohne sich selbst zu erkennen, ist der Tod, der wie Leben aussieht. Denn was ist Leben, außer selbst zu sein?

25. August

Es gibt ein kostbares Geschenk des Mitgefühls für andere. Nicht das sentimentale Mitleid, das dem eigenen Selbstmitleid entspringt und sich in äußeren Handlungen ergießt. Sondern das Fühlen eines gemeinsamen Schicksals.

Glücklich sind diejenigen, deren größtes Bedürfnis darin besteht, zu tun, was Gott von ihnen verlangt. Denn ihre Bedürfnisse werden voll befriedigt.

Du mußt immer die Wahrheit suchen und darfst nie aufhören, sie zu suchen. Aber Du findest sie nur in Dir selbst. Nie kannst Du sie mit dem Verstand finden, nur mit dem Herzen.

Nur durch Druck und Not kommen wir weiter. Sie sind unsere Lehrmeister, so schwer es uns auch fällt, das zu akzeptieren.

29. August

Alles ist nur Illusion – und die Illusion als solche zu erkennen, das ist die Wahrheit. Die Imagination ist genauso wirklich, wie eine Illusion, wie das Leben selbst. Warum sich deshalb grämen oder sorgen? Wir erschaffen uns unsere eigene Illusion selbst. Es liegt an uns, was wir erschaffen wollen, oder müssen, um den nächsten Entwicklungsschritt zu gehen.

Ich schlief und träumte, das Leben wäre Freude.

Ich erwachte und sah, das Leben war Pflicht.

Ich handelte und siehe, die Pflicht war Freude.

Wir wissen, wie sich das Licht bricht, aber das Licht bleibt ein Wunder. Wir wissen, wie die Pflanze wächst, aber die Pflanze bleibt ein Wunder. So geht es uns mit allen Dingen auf dieser Welt.

Wir besitzen viele Kenntnisse, doch die Schöpfung bleibt ein Wunder.

1. September

Warum nur fürchten wir im Tod, zu nichts zu werden, wenn wir überall um uns herum sehen können, wie alles nur verwandelt wird? Auch wir sind nur ein Teil von allem.

Wissen kann man sich nicht aneignen, es muß einem gegeben werden. Und es wird Dir gegeben, wenn der rechte Augenblick gekommen ist.

Die sexuelle Energie ist eine wichtige Seite der spirituellen Entwicklung. Durch die Befriedigung der sexuellen Bedürfnisse können wir einen Menschen lieben lernen. Der Mangel an Liebe ist die schlimmste Blockade in unserem Leben.

Die Liebe, die wir in einem anderen wecken wollen, speist unsere eigene Liebesfähigkeit.

Liebe ist nicht nur eine emotionale, sondern eine Erfahrung des ganzen Körpers.

Jedes Fleckchen Erde hat ein eigenes Gedächtnis. Deshalb lassen wir überall, wo wir hinkommen, ein Teil unseres Herzens, ein Teil unserer Seele zurück.

Es gibt keine auserwählten Seelen, es gibt nur Seelen, die den Mut haben, sich selbst zu verwirklichen.

Schmerz und Leid sind manchmal das Einzige, was Menschen dazu bringt, sich zu ändern. Deshalb gibt es so viele Krankheiten, Leid und Elend auf dieser Welt, weil die Menschen lernen sollen, sich zu ändern. Es ist wichtig, daß man seine eigene Botschaft lebt.

Das Göttliche, das wir Menschen suchen, ist nur in uns selbst zu finden. An dem Tag, an dem man das erste Mal das Göttliche in sich entdeckt, wird man neu geboren. Man sieht die Welt mit anderen Augen, man lebt aus einem anderen Sinn heraus. Es entsteht eine tiefe Freude und Dankbarkeit in einem.

Wahr ist, was man im Innersten fühlt, und man wird zu dem werden, was man am meisten ersehnt.

Die Wahrheit kann von jedem gefunden werden, der sie mit dem Herzen sucht.

Wir Menschen müssen Geduld, Toleranz, Mitgefühl, Verständnis und Liebe füreinander aufbringen – auch für uns selbst. Das ist das Wichtigste.

Erlaube nicht, daß Deine Gefühle sich durch irgendwelche Umstände erregen und schule Dich darin, nie mehr überrascht oder enttäuscht zu sein. Vollkommene Beherrschung aller Kräfte in Dir zu jeder Zeit bedeutet Meisterschaft. Gemütserregungen in Dir freien Lauf zu lassen, bedeutet Schwäche. Das Ausleben der Gefühle birgt körperliche und geistige Gefahren in sich und geschieht meistens auf Kosten anderer.

Es ist schwer, inmitten des Alltages in innerer Einsamkeit und Losgelöstheit seinen Weg zu gehen, der das Ziel ist. Dabei seine Aufgaben zu erfüllen und nur die Verbindung zum Göttlichen in uns zu haben. Das Wissen darum, daß andere vor uns diesen Weg schon gegangen sind, ist tröstlich für uns. Manchmal hat man das Glück, eine verwandte Seele zu treffen, die ebenfalls auf dem Weg zu sich und damit auf dem Weg zu dem Göttlichen in sich ist. Dies sind Momente großer Verbundenheit und wie Atemholen am Weg.

Je stärker das Sehnen nach Wahrheit und Licht in uns wird, desto stärker wird das Band, das uns zu den tiefsten Tiefen unseres Selbst zieht. Hat man in den tiefsten Tiefen dann das Göttliche in sich gefunden und damit die Einheit mit ihm, dann verlieren die Verlockungen der äußeren Welt ihren Reiz.

Wir leiden, weil wir uns selbst dafür entscheiden. Der Wunsch, etwas zu besitzen, läßt uns leiden, wenn wir es nicht bekommen. Die Unfähigkeit, loszulassen, läßt uns leiden. Dabei können wir auf Dauer nie etwas besitzen oder behalten.

Das Selbstmitleid ist das schlimmste und unnötigste Leid. Bedauere Dich nicht selbst. Du hast Dich dafür entschieden zu leiden. Vielleicht willst oder sollst Du dadurch etwas lernen, was Du jetzt noch nicht erkennst.

Der echte geistige Weg kennt nur ein ganz ehrliches Wandern in Selbsterkenntnis, innerer Klarheit, Disziplin und Wahrheit. Das sind die Meilensteine auf dem Weg in die innere Freiheit.

Unser Verhalten zu unseren Mitmenschen muß von Liebe, Wahrheit, Demut, Mitgefühl, Geduld und Toleranz geprägt sein. In dem Moment, wo wir in dem anderen uns selbst erkennen können, fällt es uns nicht mehr schwer, den anderen mit diesen Einstellungen zu begegnen. Wir sind alle gleich, keiner ist besser oder schlechter, und wir wollen alle in Liebe angenommen werden. Warum also dann nicht selbst damit anfangen, das zu geben, das man haben möchte.

18. September

Man bekommt immer genau das, was man auch selbst bereit ist zu geben.

19. September

Toleranz und Geduld mit dem anderen sind zwei Eigenschaften, die uns oft schwer fallen. Den anderen da stehen lassen, wo er im Moment steht und Verständnis für ihn aufbringen, ist oft nicht leicht.

Jeder Mensch hat das angeborene Recht auf seine eigene Entwicklung. Man darf ihm als Hilfe, aber nur wenn man gefragt ist, zur Seite stehen. Mehr aber auch nicht.

Alte, unerfüllte Wünsche aus der Kindheit beeinflußen uns heute noch. Man muß erkennen, daß diese tiefsitzenden Wünsche überholt sind und sie aufgeben.

Liebe wird oft als Selbstbestätigung mißbraucht. Wenn mich jemand liebt, dann bin ich jemand! Man muß jedoch den anderen aus vollem Herzen erkennen – mit all seinen Vor- und Nachteilen und ihn akzeptieren. Man kann seine Probleme sehen und als seine eigenen erkennen. Man kann kurz gesagt im anderen sich selbst erkennen.

Wünschen zu entsagen bedeutet, eine ungeahnte Freiheit zu erringen. Frei zu sein bedeutet, nichts besitzen zu wollen und von nichts besessen zu sein. Wer keine Wünsche mehr hegt, ist im wahrsten Sinne des Wortes wunschlos glücklich.

Man muß immer zugleich Lernender und Lehrender sein. Das Weitergeben einer Fertigkeit drückt auch gleichzeitig die Dankbarkeit darüber aus, daß man es selbst lernen durfte. So schließt sich dann der große Kreis von Geben und Nehmen.

Streben nach Befreiung von alten Begrenzungen.

Der Beginn des Weges ist für jeden dort, wo er gerade steht. Wenn man beherzt seine alten festgefügten Meinungen aufgibt und einen neuen Standpunkt einnimmt, kann sich alles verändern.

Das Göttliche ist in uns allen – wichtig ist es, in welchem Maße wir uns dessen bewußt sind.

27. September

Es ist schlimmer, mit jemandem alleine zu sein, als alleine allein zu sein.

Der wahre Mut besteht immer noch darin, die Augen weder vor dem Tod noch vor dem Licht zu verschließen.

29. September

Wenn das Göttliche in uns erst einmal wahrgenommen werden kann, dann geben wir unseren Willen auf und sind nur noch da. Dann erst sind wir bereit, uns führen zu lassen, dann geben wir uns einer höheren Macht hin und sind uns dessen bewußt. Damit verliert dann alles seine Bedeutung.

Die Angst vor dem Tod und die Angst vor dem Leben aufzugeben, bedeutet wirklich zu sein. Jetzt und hier zu leben, und doch bereit sein zu gehen. Das heißt auch, sich an nichts mehr zu binden und doch für alles offen und da zu sein.

1. Oktober

Wer sein Ego aufgibt und wirklich nur noch ein Teil von jedem und allem ist, empfindet eine tiefe Dankbarkeit und damit auch eine tiefe Freude am Leben schlechthin.

Indem man anerkennt, daß Liebe bedingungslos ist, bewegt man sich auf einen Zustand der inneren Harmonie und des liebevollen Wohlbefindens zu, der in keinem sonstigen Zusammenhang steht. Wir benötigen, um lieben zu können, keine Person außerhalb von uns. Es ist dazu nicht erforderlich, daß jemand unser Wohlverhalten anerkennt oder die Welt auf uns so reagiert, wie wir es gerne möchten. Man muß wissen, daß man sich diese Liebe nicht verdienen muß, sondern daß das Leben selbst sie uns schenkt.

Vertrauen bedeutet, daran zu glauben, daß der andere in seinem Rahmen das ihm selbst mögliche Beste geben und tun wird. Welche Rolle das in Bezug auf meine Person spielt ist unwichtig. Wenn man dem anderen dies zutrauen kann, daß er sein Bestes gibt, dann vertraut man ihm vollkommen. Auf diesem Boden kann er dann auch sein Bestes geben und man selbst wird nie enttäuscht werden. Auf diesem Boden fühlt sich der andere dann sicher, angenommen und verstanden.

In seinem Gleichgewicht sein, heißt in seiner inneren Mitte zu ruhen. Wenn man an diesem Punkt angelangt ist, ist alles ganz einfach und problemlos. Dann ist auch nichts mehr wichtig, denn es kommt alles von alleine und so, wie es sein muß. Dann hat man die Übereinstimmung mit sich selbst gefunden. Dann ist man nur noch.

Wir können nichts festhalten. Wenn wir loslassen, bleibt alles von alleine bei uns.

Es ist immer die gleiche Weisheit, die in uns steckt. Wir können sie oft nur nicht hören. Wir haben alle alles Wissen der Welt in uns, und es ist nur eine Frage des ruhig in sich Hineinhorchens, damit wir diese Weisheit erkennen können.

Die Harmonie, die man in sich hat, strahlt man auch nach außen aus und verbreitet sie um sich herum. Deshalb sollte sich jeder Mensch bemühen, harmonisch mit sich selbst zu leben.

Man braucht Hilfe auf dem Weg zu sich selbst. Man bekommt diese Hilfe aber auch geschickt. Oft erkennen wir sie jedoch nicht und können sie auch nicht annehmen. Doch sie ist immer da.

Geduld bedeutet, im Ringen mit dem eigenen Ich das Ego zu bekämpfen lernen und später das Ego aufzugeben. Doch das ist ein weiter und schwerer Weg für uns.

Der Liebende tut alles für denjenigen, den er liebt. Er dient ihm. Er entwickelt dabei die Tugenden der Toleranz, der Versöhnlichkeit, der Barmherzigkeit und des Mitgefühls. Er lernt sich selbst aufzugeben.

Nur die Liebe, die reine, selbstlose Liebe erhebt den Menschen zur Unsterblichkeit. Doch die Liebe hat auch einen zweiten Aspekt. Das ist der Schmerz. Viele sprechen von Liebe, doch nur wenige sind bereit, den Schmerz zu ertragen. Den Schmerz fühlen und trotzdem lieben, das ist unsere Aufgabe. Das menschliche Herz wird erst durch den Schmerz lebendig. Deshalb können wir durch die Liebe und den Schmerz lebendig werden.

Es geht um das vollkommene Loslassen von den Dingen dieser Welt. Wir müssen in dieser Welt leben und doch nicht mehr mit den Wünschen und Begierden dieser Welt verhaftet sein.

13. Oktober

Man muß unterscheiden zwischen Liebe als Mittel – das genügt nicht – und Liebe als Ziel in sich selbst – das ist der höchste Seins-Zustand, der alles umfaßt und alles durchdringt.

Die Lebensumstände sind immer nur ein Spiegelbild Deines Seins.

15. Oktober

Alles, was wir denken können,
können wir auch erreichen.

Eine gute Beziehung zwischen Mann und Frau muß geprägt sein von Liebe. Eine Liebe, die alles akzeptiert und einfach nur da ist um des anderen willen. Als nächstes muß die Freundschaft hinzukommen. Eine Freundschaft, die für den anderen durch das Feuer geht und bereit ist, für den Freund das Leben zu opfern, da man das Leben des Freundes höher schätzt als das eigene Leben. Diese Art der Freundschaft ist selten zwischen Mann und Frau. Sie beinhaltet auch blindes Vertrauen und das Wissen, sich total auf den anderen verlassen zu können. Dann kommt als drittes noch die Sexualität hinzu, die zwei Menschen zusammenschweißen kann. Im Feuer der Sexualität wird alles Trennende hinweggeschmolzen.

17. Oktober

Man muß durch viele Feuer geschmiedet werden, um eine biegsame Härte zu erhalten.

18. Oktober

Man muß von der wirbelnden Weltlichkeit der Welt unberührt bleiben. Aber da man ein Teil der Welt ist, muß man seine Aufgaben hier erfüllen.

Verzichten heißt aufgeben, etwas haben zu wollen!

Was immer an Freude ist in dieser Welt, alles kommt von dem Wunsch, andere mögen glücklich sein. Was immer an Leid ist in dieser Welt, kommt von dem Wunsch, ich möge glücklich sein. Was immer an Glück ist in dieser Welt, kommt vom Denken an andere. Was immer an Leid ist in dieser Welt, kommt vom Denken an sich selbst.

Weise selbstsüchtig zu sein bedeutet, für andere da zu sein und für andere etwas zu tun. Was wir für andere getan haben, wird uns selbst zugute kommen.

Ob wir hier sind oder nicht, es spielt keine Rolle, denn wir sind immer und ewig.

23. Oktober

Das Leben und der Tod sind eines. Sie sind untrennbar miteinander verbunden. Man kann das eine nicht ohne das andere verstehen.

24. Oktober

Man muß eine weite Sicht des Lebens haben, die den Tod mit einschließt. Nur die Liebe kann Leben und Tod überdauern. Alles andere, jedes menschliche Gefühl, endet mit dem Tod – ist also an das Leben gebunden. Nur die Liebe nicht.

Unser Verstand hat Angst vor dem Tod, weil er ihn nicht begreifen kann. Er kann aber auch das Leben nicht begreifen, und trotzdem hat er keine Angst vor dem Leben. Deshalb trennt unser Verstand aber das Leben von dem Tod, weil er vor dem einen Angst hat und vor dem anderen nicht.

Der Tod ist immer und jederzeit hier, genauso wie das Leben. Wir erkennen nur beides nicht. Genauso ist es mit der Liebe. Auch sie ist immer präsent, manchmal im Verborgenen, doch sie ist immer da.

Was wir fürchten ist nicht das Unbekannte, es ist vielmehr, das Bekannte zu verlieren!

Die Trennung von einem Menschen fällt uns deshalb schwer, weil wir nicht wissen, was danach kommt. Deshalb lassen wir uns unter Umständen quälen, nur um nicht das Bekannte, Alte aufzugeben. Das Neue, Unbekannte macht uns Angst. Warum?

Der Stein wird vom fließenden Wasser geformt, ohne Schmerzen zu empfinden, da er keinen Widerstand leistet. Nur der Widerstand gegen jegliche Veränderung läßt uns leiden und Schmerzen empfinden. Doch nur dadurch werden wir unseren Widerstand aufgeben.

Es ist der allumfassende Geist, den wir das Göttliche nennen, von dem wir ein Teil sind und der auch ein Teil von uns ist.

Nichts währt ewig, weder Liebe noch Leid. Alles ist begrenzt auf dieser Welt. Auch das Leben und der Tod. Und doch leben wir, als wäre alles ewig.

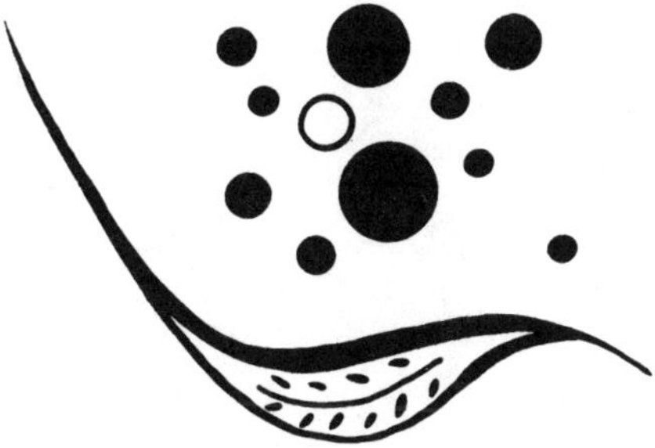

Du, nur Du allein entscheidest, ob Du glücklich sein oder leiden willst. Aber auch nur Du trägst die Verantwortung dafür.

Was immer Du tust, es fällt auf Dich zurück. Manchmal dauert es lange – doch sei sicher, es kommt zurück. Verhalte Dich danach.

Wenn Du gehen willst, gehe, wenn Du bleiben willst, bleibe. Du wirst die Konsequenz davon tragen.

Immer wenn Du denkst, es geht nicht mehr, kommt von irgendwo ein Lichtlein her.

Schluß zu machen ist leicht, doch bedenke die Folgen!

Was ist Glück? Ein Gefühl des tiefen, inneren Friedens, ein Moment der Wunschlosigkeit. Gibt es mehr als diesen Moment ?

Eine Schlange kann nur wachsen, wenn sie ihre alte Haut ablegt. Auch wir können nur wachsen, wenn wir unsere alten Gewohnheiten ablegen.

Es gibt immer den richtigen Augenblick, um etwas zu tun. Wenn er da ist, tue es!

9. November

Das Dasein eines Du allein kann ein Ich beglücken.

Wir wollen in einem höheren Bewußtsein leben – und dürfen trotzdem nicht die Telefonummer von zu Hause vergessen.

11. November

Tue, was Du tun mußt mit einem Menschen, aber wirf ihn nie aus Deinem Herzen.

Geistiges Wachstum ist wie das Wachstum eines Baumes. Zunächst braucht er Schutz und einen Zaun, damit er nicht von den Tieren aufgefressen wird. Später schützt er uns.

Wenn ein Dieb einem Heiligen begegnet, sieht er nur seine Taschen und er überlegt, wie er ihn berauben kann.

Es gibt kein Glück oder Unglück, es kommt immer nur darauf an, was wir daraus machen.

Es gibt keine Zeit und keinen Raum. Es gibt überhaupt nichts, was wir messen können. Es gibt nur unser Bewußtsein, und das ist mit dem Göttlichen verbunden. Es ist immer und ewig. Wir erschaffen alles nur mit diesem göttlichen Bewußtsein.

16. November

Nur hier in der Materie können wir die Liebe leben. Das ist unsere Aufgabe hier.

Jeder Mensch und jedes Buch,
alles und jedes kann uns finden,
wenn wir bereit und offen dafür sind.

18. November

Was immer Du tust, tue es mit ganzem Herzen und aus vollem Bewußtsein.

Jedes Ereignis in Deinem Leben hat einen Sinn. Manchmal kannst Du ihn im Augenblick nicht erkennen. Doch sei sicher, es gibt nichts Sinnloses auf dieser Welt.

Jedes Leid auf dieser Welt entsteht aus unserem Wunsch etwas festhalten zu wollen. Auch das Leiden beim Sterben und das Leid beim Tod eines geliebten Menschen beruht auf unserem Festhalten.

Der Wunsch nach Liebe ist der Wunsch nach grenzenlosem Verschmelzen. Und doch haben wir gleichzeitig Angst davor. Genau diese Angst verhindert dann jedoch die Liebe.

Wenn Du die Liebe zu Dir selbst gefunden und Du Dich selbst akzeptierst hast, dann brauchst Du es nicht mehr, daß der andere Dir Deine Selbstbestätigung gibt, die Du nicht hast.

Wir sollen in jeder anderen Person ehren, was sie ist und was sie denkt. Auch wenn es unserem Denken und Sein völlig fremd ist. Denn wir kennen nie die ganze Geschichte, die diesen Menschen zu dem gemacht hat, was er uns heute scheint. Genauso wenig kennt er unsere Geschichte.

Man soll seine Rivalen genauso lieben wie seine Freunde, denn sonst ist man nicht frei, sondern immer an Gefühle gebunden. Wenn man jemand aus seinem Herzen stößt, dann hat man selbst dieses Problem.

Nur wer durch die Hölle gegangen ist, kennt den Weg und kann dann anderen ein Wegweiser sein. So hat alles seinen Sinn, auch wenn wir ihn nicht kennen.

26. November

Schalte Dein Licht an und werde zu einem Lichtstrahl in Deiner Umgebung, wo immer es auch sei.

27. November

Jeder muß in diesem Leben sein Päckchen tragen, und es sind nicht immer Geschenke in den Paketen.

Sei dankbar für alles, was Dir der Tag bringt. Auch für scheinbare Kleinigkeiten wie Dein Essen und das Lächeln eines Menschen. Aber auch für bittere Erfahrungen, denn sie bringen Dich weiter in Deiner Entwicklung.

Jeder trägt seine Maske. Was ist hinter der Maske, ein lachendes Gesicht, ein trauriges Gesicht? Du kannst es nicht sehen. Schaue in die Augen, und Du wirst den Menschen sehen, der Dich vielleicht braucht.

Es bedarf sehr viel Mut, sein inneres Selbst zu zeigen, weil man dann verletzbar wird. Doch nur dann können wir auch liebenswert sein.

1. Dezember

Man tut nichts. Und doch bleibt nichts ungetan.

Wir sollen und dürfen Opfer bringen. Das heißt freiwillig etwas hergeben, was uns lieb ist. Mit dem Opfer setzen wir Prioritäten in unserem Leben.

Die Stimme der Freundschaft in der Not zu vernehmen ist das Göttlichste, was dem Menschen widerfahren kann.

Freundschaft zwischen zwei Menschen ruht auf der Geduld des einen. Wahre Freundschaft ist wie Liebe zwischen zwei Menschen, nur daß die sexuelle Anziehung fehlt.

Wir sind nichts, und wir sind das Göttliche. Nichts ist überall, und das Göttliche Bewußtsein ist überall und in allem und jedem. Wozu also Trauer und Schmerz? Es ist nichts! Es wird vergehen, wie die Zeit, die es nicht gibt. Freude und Leid sind überall. Sie sind nicht greifbar, sie sind nur in uns. So wie das Göttliche. Damit ist aber auch niemand allein. Denn das teilen wir mit jedem Menschen.

Die Furcht, in der Liebe zu ertrinken und zu vergehen, ist sehr tiefgehend. Doch der Preis, aus dieser Angst heraus unser Herz verschloßen zu halten, ist sehr hoch!

Wir sollen unsere Wünsche aufgeben, um frei zu werden. Was heißt das? Natürlich haben wir noch Wünsche, doch wir können sie erkennen als die Bedürfnisse unseres Egos und entweder versuchen, sie zu befriedigen, oder nicht. Doch es spielt keine Rolle mehr.

Unsere Angst vor dem Tod ist die Angst vor dem Nichts. Dies können wir jedoch nicht zugeben und sagen deshalb, wir hätten Angst vor Schmerzen, Angst vor Leid. Erst wenn wir diese Todesangst überwunden haben, sind wir wirklich frei für das Leben.

Wir sind alle in unseren verschiedenen Rollen, die wir spielen, gefangen. Zum Beispiel als Vater, Tochter, Vorgesetzter und so weiter. Es ist schwer, diese Rolle, die wir so gut kennen und spielen, loszulassen. Doch wenn wir das Theater auf der Weltbühne erkennen, brauchen wir keine Rolle mehr zu spielen.

Laß den anderen immer den sein, der er ist, und nicht den, von dem Du denkst, der sei er.

11. Dezember

Schau in das Feuer. Es kann alles verzehren. Trotzdem gibt es uns Wärme, und wir brauchen es zum Leben. So ist es auch mit der Liebe.

Tue Deine Arbeit, erfülle Deine Pflicht. Aber mache alles mit ganzem Herzen, denn Du wirst die Freude daran haben.

Kenne keinen Stolz, denn er ist töricht.

In der Liebe zu einem Tier spiegelt sich unsere Einstellung zu den Menschen wieder. Oder anders ausgedrückt: Wer ein Tier nicht lieben kann, kennt auch die Liebe zu den Menschen nicht.

Ehre das Alter, denn eines Tages wirst auch Du alt sein!

Wir gehen in eine Beziehung und wissen, daß wir dadurch verändert werden. Doch wir wollen es nicht wahrnehmen. Wir meinen, der andere müsse sich verändern, und doch sind es nur wir, die sich verändern können.

Wie muß ich mich verhalten, damit ich geliebt werde? Das ist die Hauptfrage, die uns alle bewegt. Man lernt es, sein Verhalten so zu ändern, daß man geliebt werden kann. Dabei ist es so einfach. Fange an zu lieben, und Du wirst geliebt werden.

Denn wir können sicher sein, wenn die Liebe in unserem Herzen erweckt ist, so wird sie auch in dem Herzen des anderen erwachen.

Tue immer nur das, was als Aufgabe gerade vor Dir steht. Aber mache es aus vollem Herzen.

Doch auch durch tiefstes Leid und Kummer, durch den Verlust eines geliebten Menschen etwa können wir aus unserer gewohnten Sichtweise herausgerissen werden und anstatt zu hassen und zu hadern, plötzlich lieben.

Unser Herz weiß alleine und am besten, wo es helfen und dienen kann. Doch wir müssen zu unserem Dienst bereit werden.

Das Göttliche kommt zu dem Hungrigen in Form von Essen, das Du ihm gibst. Wenn Du das Göttliche suchst, findest Du es in Deinem Herzen, das Du liebevoll für einen anderen geöffnet hast.

Der rationelle Verstand ist das Größte, was wir Menschen anerkennen. Mit unserem Verstand können wir viele Probleme lösen. Wir können selbst über uns nachdenken und uns in Frage stellen. Doch wir können mit unserem Verstand Leiden und Liebe nicht erklären.

Durch jedes Sandkorn in der Wüste, das vom Wind bewegt wird, verändert sich die Welt. Warum nehmen wir uns und unser Schicksal so wichtig?

24. Dezember

Erwache und schaue mit klarem Blick um Dich, und Du wirst das Glück in der Welt sehen. Doch wenn Du nur Trauer und Not sehen willst, so wird Dein Blick nur dafür geöffnet sein.

Alles auf dieser Welt ist perfekt. Denn alles ist von Gott erschaffen. Wie könnte er etwas erschaffen, das nicht perfekt ist?

Es ist eine große Kunst, »Nein« zu sagen, ohne das Herz zu verschließen.

Aeußere Macht kann uns Sicherheit geben. Doch wir können sie jederzeit verlieren. Wo ist dann unsere Sicherheit?

Wir kommen, um zu gehen und wir leben, um zu lieben. Und doch ist es das Schwerste, alles loszulassen und alles zu lieben.

Keine Aufgabe, kein Leid ist zu groß für uns. Denn wir bekommen nur soviel zu tragen, wie wir auch tragen können. Jeder wird an seiner Last wachsen.

Alles sind nur Illusionen, die wir uns machen. Die Wahrheit steht hinter uns, doch wir können sie nicht sehen. Dreh Dich um und Du erkennst die Wahrheit.

Gib die Hoffnung nie auf. Es geschehen jeden Tag Wunder. Denk mal darüber nach!

Die Verfasserin dieses Buches war fast 20 Jahre lang als Ärztin in einer eigenen Praxis tätig

und hat in dieser Zeit eine Klinik für Gefäßkranke aufgebaut. Beeinflußt durch ihren spirituellen Weg hat sie jetzt in Südfrankreich das »Weiße Haus« aufgebaut. In dieser Einrichtung werden die Vorstellungen dieses Buches gelebt und anderen, hauptsächlich Kranken, übermittelt. Jeder, der den Weg dorthin findet, ist willkommen und wird ein Weggefährte sein.

Die Bilder stammen von Julia Ulrich, einer Waldorf-Schülerin und Freundin der Verfasserin. Sie ist eine hochbegabte und sensible Künstlerin, die hier erstmals ihre Bilder einem größeren Publikum zugänglich macht.